BIOGRAPHIE

D'ADELINA PATTI

PAR

THÉODORE DE GRAVE

Prix : 1 franc

PARIS

LIBRAIRIE DE CASTEL

PASSAGE DE L'OPÉRA, GALERIE DE L'HORLOGE, 21

1865

BIOGRAPHIE

D'ADELINA PATTI

PAR

THEODORE DE GRAVE

PARIS

LIBRAIRIE DE CASTEL

PASSAGE DE L'OPÉRA, GALERIE DE L'HORLOGE, 21

1865

BIOGRAPHIE

D'ADELINA PATTI

I

Le public est un vieil enfant curieux. Il aime à connaître les détails les plus intimes concernant la vie des grands artistes. Le merveilleux s'applique facilement au génie. Il semble que ses privilégiés, si haut placés au-dessus de la foule, doivent, comme les héros d'Homère, constamment marcher dans l'empyrée, au milieu d'un nuage d'or. Cependant il n'en est pas toujours ainsi; et, si l'on rencontre parfois, il est vrai, chez les êtres supérieurement doués, des faits particuliers ou caractéristiques qu'il est bon de noter en passant, il serait puéril néanmoins d'y attacher une importance absolue.

Et pourtant nous trouvons dans l'enfance

d'Adelina Patti, dans sa naissance même, plusieurs faits de ce genre ; nous les reproduirons à titre de documents curieux seulement, nous gardant bien d'y trouver une signification que nous n'avons pas eu l'intention d'y chercher.

Le premier de ces faits se reporte à la naissance d'Adelina. Sa mère a été connue dans le monde dilettante, sous le nom de Mlle Barilli. En Italie, où elle chanta longtemps le grand opéra sur les principales scènes, elle s'était fait une réputation brillante. Jeune encore, elle épousa le signor Salvator Patti, chanteur lui-même de beaucoup de mérite ; le hasard, qui se mêle de beaucoup de choses, les avait souvent mis à même, cinq actes durant, de se déclarer leurs *vives flammes*. Qui sait si la situation des personnages imaginaires dont ils étaient appelés l'un et l'autre à représenter les impressions, ne fut pas la première cause de cette union ? Rien n'est perfide au théâtre comme les dénoûments *au mariage* ; se marier quatre ou cinq fois par semaine avec une charmante jeune fille qu'il faut abandonner le rideau baissé, il y a là, certes, de quoi faire rêver les âmes ardentes ; il paraît qu'il en fut ainsi pour les auteurs d'Adelina, puisqu'ils s'unirent un beau jour. De leur union naquirent quatre enfants : Amelia Patti, qui a épousé Maurice Strakosch, longtemps directeur du Théâtre-Italien à New-York ; Carlotta, dont

le nom brille au premier rang parmi les chan-
teuses de concerts ; Carlo, jeune homme vaillant
et brave qui s'est fait une position honorable
dans la carrière des armes, et enfin, notre héroïne, Adelina Patti, celle dont nous allons essayer de tracer la carrière déjà si glorieuse et si
bien remplie.

Adelina Patti est née à Madrid, le 19 février
1843, et non le 9 avril, ainsi que l'ont dit jusqu'à présent ses biographes. Elle a donc, au moment où paraissent ces lignes, vingt-deux ans
accomplis ; toutefois il est bon d'ajouter que les
vingt-deux années de la Patti n'en accusent que
dix-huit au plus et qu'une expression de physionomie tout exceptionnellement belle, lui ré-
serve longtemps encore le privilége de la dissi-
mulation.

Après son mariage avec le signor Salvator Patti, la mère d'Adelina continua sa carrière artistique et parcourut toutes les villes
d'Europe où l'on aime la musique et le chant,
ramassant des couronnes, recueillant des bravos.
Donizetti l'avait souvent entendue et compre-
nant, mieux que personne, tout le parti que l'on
pouvait tirer de son talent, il écrivit spéciale-
ment pour elle un opéra, *l'Assedio de Calais*.

En 1843, époque de la naissance d'Adelina, elle
chantait à Madrid. Elle avait eu déjà trois enfants,
et cette triple maternité n'avait enlevé à sa voix

ni la fraîcheur, ni le timbre, ni l'étendue, mais, chose étrange, après la naissance d'Adelina, quand elle se disposa à reparaître sur la scène, elle s'aperçut avec stupeur que tous ses moyens avaient entièrement disparu et qu'il fallait renoncer pour jamais aux triomphes qui jusqu'alors avaient fait le charme de sa vie.

— Je crois, en vérité, qu'Adelina m'a tout pris, disait parfois Mme Patti en souriant ; et certes elle ne croyait pas si bien dire.

En 1847, après des pertes considérables de fortune, la famille Patti prit la route d'Italie ; Adelina n'avait alors que trois ans ; et depuis lors elle n'y est pas retournée. Cette chanteuse italienne, faite de sang italien, imbue des principes des grands maîtres italiens, n'a donc jamais chanté sous ce ciel qui est bien le sien et pour lequel elle semble toute créée. L'année suivante, ils s'embarquèrent pour New-York, où Maurice Strakosch, ainsi que nous l'avons déjà dit, dirigeait le Théâtre-Italien.

Ce fut dans cette ville du nord des États-Unis, et dès l'âge de cinq ans, que se manifesta, dans plusieurs circonstances, l'irrésistible vocation de la jeune Adelina. Née pour chanter, comme l'oiseau pour voler, comme la fleur pour exhaler son parfum, elle fredonnait à tout instant des airs d'opéra après les avoir entendu chanter une fois. On peut dire, sans métaphore, que les

premiers mots qu'épelèrent ses lèvres enfanti-
nes furent les notes de la gamme. Le chant fut
sa première langue, son premier bégayement ;
on raconte même qu'elle parlait et répondait en
chantant, et que sa mère la réprimandant un
jour sur ce qu'elle appelait « un défaut, » elle
lui répondit : « Que veux-tu, maman, il m'est
impossible de parler et tout me devient facile
quand je chante. »

II

A côté des conditions exceptionnelles de cette
nature précoce, il faut bien remarquer également qu'Adelina fut largement servie par la fortune qui, décidément prodigue pour cette enfant,
avait placé près d'elle un homme de goût et de
talent qui fut son maître, et quel maître! Obser-
vant en silence ce germe de génie musical qui ne
demandait pour croître et s'épanouir qu'une intelligente culture, M. Maurice Strakosch, beau-
frère d'Adelina, facilitait ses tendances sans les
heurter par l'étude, et, plus confiant encore
dans tout ce que la nature avait fait pour elle
que dans les leçons qu'il pourrait lui donner en
maître, sa sollicitude, poussée jusqu'à la pré-
voyance, lui dicta une conduite prudente et rai-
sonnée qui excluait toute fatigue, toute sévérité;
écueil redoutable pour ce jeune caractère alors
altier, impatient et mutin.

Donc, sans exalter son goût d'une manière ap-
parente, sans paraître s'apercevoir même de sa
vocation déjà déterminée, Maurice Strakosch
amenait chaque soir l'enfant dans sa loge de directeur et lui faisait entendre les plus vivants

chefs-d'œuvre de l'École italienne, interprétés alors dans ce pays par la Sontag, par Jenny Lind, Mario, Grisi et divers autres artistes de *primo cartello*.

Adelina se formait ainsi, à son insu. Le goût, qui est le premier sentiment révélateur du génie, prenait place dans sa jeune imagination. Il s'y établissait dans les proportions justes, que les maîtres du chant qu'elle écoutait lui ont données. Ne pouvant rien tenter par elle-même, elle ne pouvait rien fausser, c'est-à-dire ni être en deçà ou au delà de la limite du vrai ; c'est ainsi qu'elle fut insensiblement amenée à percevoir le sentiment du beau, à le sentir, à l'exprimer.

Cependant, il faut bien le dire, il y avait déjà de la femme dans cette enfant. Tous les âges ont leur vanité, et ce qui prouverait assez bien que les applaudissements de la foule sont aussi les satisfactions de tous les âges, c'est la petite anecdote suivante qui, toute naïve qu'elle est, renferme aussi un enseignement.

Un soir, après avoir assisté à une représentation de *Norma*, pendant laquelle les artistes avaient été acclamés et couverts de fleurs, Adelina, rentrée chez ses parents, profita du moment où ceux-ci se trouvaient réunis au souper de famille, pour se glisser silencieusement dans la chambre de sa mère. Une fois là, et se croyant à l'abri de toute indiscrétion, l'enfant, elle avait six ans à peine, s'affuble, tant bien que mal, d'un drap de lit, se coiffe d'une couronne, souvenir de quelque soirée de triomphe de sa mère, et gravement posée en face d'une glace elle entonna l'air d'entrée de *Norma* avec toute l'importance d'une débutante qui s'attend à charmer son auditoire. Quand elle eut fini son air, simulant alors elle-même son auditoire, elle s'applaudit à outrance, enleva la couronne de son front et se la jeta à elle-même pour avoir l'occasion d'essayer, en la ramassant, le plus gracieux salut que jamais artiste rappelée ait dédié à son public. Et, reculant en saluant et saluant en reculant, elle arriva ainsi jusqu'à la porte de la chambre où sa mère, se doutant sans doute de quelque chose d'extraordinaire, l'avait suivie en cachette et avait pu observer tous les détails de la scène.

Elle était donc bien née pour la foule, on le voit, cette jeune fille, qui rêvait applaudissements et triomphes à cet âge où, d'ordinaire, la poupée est un jouet bien plus attrayant que cet autre hochet, qui s'appelle la gloire; mais elle savait tout concilier, et nous dirons bientôt quel rôle important joua sa poupée dans la soirée de ses débuts.

Vers cette époque, l'Alboni se trouvait à New-York. Naturellement Maurice Strakosch ne négligea aucune occasion de faire entendre la cantatrice célèbre à sa belle-sœur. De son côté, Alboni avait tellement entendu parler d'Adelina comme d'un phénomène, qu'elle manifesta le plus vif désir de l'entendre. Jusqu'à ce moment, Adelina n'avait encore fait qu'étonner par sa justesse d'émission, par la souplesse de sa voix et la prodigieuse facilité de ses vocalises. Quant à l'air entier d'un opéra, à la manière d'en soutenir l'ampleur, le sentiment, personne n'avait jamais songé à lui en demander tant. L'Alboni, elle-même, en la pressant de lui chanter *quelque chose*, ne lui précisait rien ; Adelina se refusa à chanter devant la célèbre cantatrice, à moins cependant que celle-ci ne voulût faire avec elle une partie de *cache-coche*.

Comme on peut se le figurer, pour peu qu'on se rappelle le port majestueux de notre tant aimée *contralto*, la situation se compliquait. Néanmoins l'Alboni se décida bravement et se mit à faire sa partie dans ce duo, sans doute bien nouveau pour elle. Mais tout à coup Adelina a disparu et ne révèle sa présence que par des éclats de rire bruyants qui partent de dessous un lit. Aller la chercher dans une telle cachette eût été assez difficile pour tout le monde, pour l'Alboni, c'était tout simplement impossible. L'espiègle riait toujours ; alors sa partenaire avisée s'établit en sentinelle, lui barre le passage et, l'ayant ainsi bloquée, ne lui accorde sa liberté qu'à la condition qu'elle chantera. — Quoi! sous le lit, dans la position horizontale, c'est-à-dire la plus impossible? — Et oui, sans doute. En effet, ce fut dans cette position plus qu'incommode qu'Adelina chanta pour la première fois de sa vie l'air entier de *la Sonnambula*, aujourd'hui un de ses plus éclatants triomphes. L'Alboni, émerveillée, émue, l'attira dans ses bras et, dans un élan d'enthousiasme facile à concevoir : — Ah! chère enfant, lui dit-elle, en la couvrant de caresses, un jour viendra où tu nous feras toutes oublier !

Mais revenons à Adelina. Quelques mois plus tard, elle se faisait décidément entendre en public. Ce fut à New-York dans un concert donné à la salle Frippler-Hall, qu'eut lieu son premier début. Quand vint son tour de chanter, les parents d'Adelina qui connaissaient, par expérience, les idées fantasques qui, de temps en temps, traversaient cette imagination ardente, redoutaient quelque aventure nouvelle. La chose ne manqua pas d'arriver. Au moment d'entrer en scène, lorsque le rideau fut levé et le prélude joué, Adelina déclara qu'il lui était tout à fait impossible d'avancer sans *sa poupée*. On s'y prit de toutes les manières, on pria, on se fâcha, on menaça, il fallut céder et aller chercher l'objet demandé. Une fois la poupée tant désirée dans ses bras, elle ne se fit plus prier et vint résolûment se

placer aux pieds d'une table sur laquelle on la
plaça afin qu'elle fût aperçue de tous les assistants. Son succès fut immense, et le lendemain
on ne parlait dans toute la ville de New-York
que de la débutante de Frippler-Hall.

De la salle de concerts de New-York au Théâtre-Italien de Paris, quelle distance parcourue,
quels progrès accomplis, que de succès, que de
triomphes! Il nous faudrait le cadre d'un volume
pour raconter en détail toutes les pérégrinations
artistiques d'Adelina Patti! Après son début dé-
cisif de Frippler-Hall, elle visita successivement
Boston, Philadelphie, Washington, la Nouvelle-
Orléans, Charleston, enfin toutes les villes im-
portantes des États-Unis, où son beau-frère,
Maurice Strakosch, organisait des concerts; partout elle fut reçue avec cet enthousiasme qui
avait accueilli Jenny Lind; elle recevait les
mêmes ovations, c'était le même délire, moins
le charlatanisme de Barnum.

Pour prouver combien le talent d'Adelina,
bien qu'elle ne fût guère qu'un enfant encore,
agissait facilement sur les masses, il suffit de raconter l'anecdote suivante qui lui est arrivée à
la Havane. Ce n'est, du reste, qu'à la condition
d'entrer, pour ainsi dire, dans la plus grande
intimité des détails, que l'on peut espérer ani-
mer et faire réellement vivre par l'étude physio-
logique celui dont on s'occupe et que l'on tient

à montrer, avant tout, tel qu'il est, tel qu'il vit.

Lors de son voyage à la Havane, disons-nous, Adelina éprouva tout d'abord quelques difficultés de la part du directeur du théâtre, qui ne tenait pas, disait-il, à louer la salle pour un concert. Don Francisco Marti, homme d'expérience, de bon conseil et bien intentionné, avait appris à ses dépens combien il était difficile, beaucoup disaient impossible, d'attirer la foule à un concert, et quand on lui proposa d'en organiser un à l'occasion d'Adelina Patti :

— Bonté du ciel, s'écria-t-il, un concert à la Havane, et au théâtre encore, ah ! quelle singulière idée vous avez là. Mais, monsieur, ajouta le directeur, si vous tenez absolument à vous convaincre du goût artistique de nos habitants, choisissez une autre salle que la mienne.

— Pourquoi cela, demanda Maurice Strakosch.

— Mais, monsieur, parce que ma salle contient quatre mille personnes et qu'il n'en viendra pas deux cents.

— Vous croyez ; eh bien, monsieur, si je trouvais dans votre ville une salle qui pût contenir dix mille spectateurs, c'est celle-là que je choisirais de préférence à la vôtre.

L'assurance de son interlocuteur détermina don Francisco Marti à lui prêter la salle, mais

non sans avoir énuméré, pour dégager sa res-
ponsabilité, tous les écueils de cette folle entreprise.

Le soir même du premier concert, Maurice
Strakosch, reconnut la justesse des observations
de Francisco Marti. Quand on leva le rideau, la
salle contenait à peine deux cents spectateurs,
qui, éparpillés çà et là, ne servaient qu'à faire
ressortir davantage le nombre incalculable des
places inoccupées. En revanche, comme la soirée était belle, près de vingt mille personnes
circulaient sous une vaste et splendide prome-
nade qui se trouve près du théâtre et qui l'en-
toure presque entièrement de son ombre. Ici le
désert, là la multitude.

Néanmoins, Adelina chanta son premier mor-
ceau de manière à émerveiller les rares assistants qui s'étaient hasardés là. Bientôt le bruit
se répandit au dehors, parmi les promeneurs,
qu'une jeune fille, à peine âgée de huit ans,
chantait merveilleusement; quelques incrédules
se risquèrent dans la salle; ne les voyant pas revenir, d'autres promeneurs furent les rejoindre,
si bien qu'à six heures il n'y eut plus une seule
place disponible dans le théâtre, et qu'aux
abords stationnaient des milliers de curieux qui
ne purent, ce soir-là du moins, pénétrer dans
l'intérieur.

A partir de ce jour, les concerts se multiplièrent à la Havane, et l'immense salle, jusqu'alors abandonnée du public, se trouva chaque soir trop petite. Dans ce pays, l'enthousiasme passe facilement de l'exaltation au délire, aussi la présence d'Adelina à la Havane prit les proportions d'un événement; tout le monde voulut l'entendre, d'autres voulaient au moins la voir, si bien que les places acquirent une plus value fabuleuse. Mais si les Havanais payaient largement le plaisir d'entendre chanter Adelina, il faut dire aussi qu'ils n'étaient pas moins prodigues de leurs bravos. Un soir, pendant un duo du *Barbier*, le battement des mains, les trépignements, les rugissements de cet auditoire en délire produisirent un tumulte tellement assourdissant, qu'Adelina en fut épouvantée a ce point de quitter la scène, de fuir dans les coulisses en se cachant dans les bras de sa mère, et de ne plus reparaître devant ce public réellement idolâtre.

III

En venant à la Havane, l'intention de la famille Patti était de parcourir toutes les grandes Antilles. Sous plusieurs rapports, l'entreprise pouvait passer pour téméraire. Le voyage par lui-même était des plus pénibles; ensuite, l'éventualité des résultats possibles offrait une médiocre compensation ; mais une fois lancés et poussés par le succès en véritables artistes qu'ils étaient, ils se prirent à regarder droit devant eux, et tant qu'il y eut un chemin possible, une cité inexplorée, ils marchèrent bravement en avant. C'est ainsi, qu'à peine âgée de neuf ans, Adelina Patti parcourut les bords, si redoutables, du golfe du Mexique, l'île de Cuba, tout l'archipel des Antilles, et vint jusque sur les rivages du Pacifique faire entendre, aux sauvages forêts de ce coin du monde lointain, ces belles notes qui tombent pures de sa voix comme les perles d'un collier qui s'égrène.

Ces voyages l'accoutumèrent de bonne heure à tous les périls. Malgré sa jeunesse et malgré son sexe, il arriva un moment pour elle où le danger, la peur, la crainte de la mort, etc., fu-

rent autant de mots insignifiants et puérils qui
sonnèrent creux à son oreille et pour lesquels
elle soulevait avec une ironie pleine de dédains
le coin si résolu de sa lèvre moqueuse. Caractère énergique, esprit aventureux, la Patti faisait souvent oublier son âge par son sang-froid.

C'est ainsi que se trouvant à Port-au-Prince,
après avoir quitté la Havane, un matin, pendant qu'elle était encore dans son lit, un do-
mestique nègre entra brusquement dans sa
chambre, lui apportant, suivant une coutume
fort suivie du pays, une tasse de café. N'ayant
pas eu encore le temps de s'accoutumer aux fa-
miliarités des serviteurs de ces contrées, elle
poussa un murmure de frayeur en voyant ce
nègre si près de son lit. Mais le noir, devenu
tout à coup immobile, imposa du doigt silence à
l'enfant, et parut concentrer toute son attention
sur un objet que la jeune fille ne pouvait apercevoir, et qui, cependant, en suivant la direction
donnée au regard fixe de l'esclave, devait se
trouver sur son lit, tout près de son visage.

— Vous pas bouger, mademoiselle, ou vous
morte, laissez faire moi, dit le noir.

Malgré la recommandation, Adelina ne put
s'empêcher de se soulever à demi, et elle décou-
vrit sur ses légères couvertures un de ces énor-
mes scorpions, dont la piqûre est mortelle. Sans
pousser un cri, sans faire le moindre geste, elle

attendit patiemment, résolûment que le nègre se fût débarrassé sans bruit du plateau sur lequel était la tasse de café ; le moindre bruit pouvait réveiller le monstre, et son premier mouvement au réveil eût été de mordre sa proie au hasard. Enfin, le noir revint, et l'on devine le reste : il s'empara adroitement de l'animal qu'il étourdit en le lançant de toutes ses forces sur le parquet.

Une autre fois, en allant à Santiago de Cuba, dans un de ces navires côtiers qui font le désespoir de tous les voyageurs obligés de s'en servir, elle éprouva une si rude tempête, que le souvenir lui resta longtemps comme la dernière expression de tout ce qu'elle avait encore vu d'épouvantable. Ce souvenir ne la quittait jamais, si bien qu'un soir, étant à Santiago, pendant qu'elle était en train de chanter au milieu d'une salle, entièrement remplie de spectateurs, une secousse de tremblement de terre se fait sentir. Qu'on juge de la panique ; on se lève en tumulte ; chacun se presse et se bouscule ; plusieurs centaines de personnes entassées, dans ce désordre épouvantable, se précipitent vers la porte de sortie. Tout à coup Adelina, jugeant ce danger moins grand sans doute que celui de la tempête dont elle se souvenait toujours, s'avança près de la rampe, et de sa voix la plus mélodieuse :

— Ne bougez pas, messieurs, dit-elle en souriant, le capitaine m'a assuré qu'il n'y avait aucun danger.

L'attitude impassible de l'enfant, son étrange assurance, produisirent sur les assistants un merveilleux effet, et confus sans doute d'avoir moins de sang-froid qu'un enfant de dix ans, ils sortirent en bon ordre, et sans que l'on eût aucun accident à déplorer, ce jour-là du moins, car deux jours après une seconde secousse détruisit presque en entier la ville de Santiago.

Généralement, toutes ces excursions dans l'intérieur des îles se faisaient à dos de mulet, par des chemins offrant tantôt un précipice pour solution de continuité, tantôt se déroulant à pic sur les flancs arides et desséchés de la montagne, pour s'enfoncer plus tard dans les profondeurs sombres de quelques ravins aux inextricables méandres. Adelina, qui a toujours eu et qui a encore une passion franchement déclarée pour le cheval, se faisait un jeu des obstacles sans nombre qui entravaient à tout moment la marche de la petite caravane. Là où les cavaliers expérimentés trouvaient un péril, Adelina ne voyait qu'un divertissement, et souvent, à ces endroits redoutables, où le chemin, brusquement coupé par un abîme sans fond, arrêtait le voyageur peu confiant dans sa monture, Adelina prenait plaisir à se mettre en tête de la petite colonne et à franchir au galop le passage redouté.

A cet âge — elle avait alors dix ans — son caractère accusait déjà une grande résolution, beaucoup de courage et surtout une fine raillerie. L'esprit se développait également. Peu à peu l'enfant le cédait à la femme; elle en possédait le tact exquis et la finesse. Sa nature exceptionnelle, les climats sous lesquels elle s'était développée, tout contribuait à la faire promptement arriver à cette maturité d'intelligence et de sens, si tardive chez nos enfants d'Europe. Enfin il n'était pas jusqu'à son cœur qui ne fût brave et généreux. Aussi se faisait-elle aimer avec passion par tous ceux qui l'approchaient. Elle avait des élans de sublime générosité; il est vrai aussi qu'elle pouvait s'attendre aux plus grandes preuves de dévouement de tous ceux qui l'approchaient.

Pendant toute la durée de ce voyage, son succès fut immense — nous croyons inutile d'y revenir — mais celui qu'elle obtint à Porto-Rico mérite cependant une mention particulière. La partie du peuple s'en était mêlée; bien qu'elle ne soit guère moins instruite que la partie de la population aisée, ce fut de son centre superstitieux que partit un beau jour de Porto-Rico le bruit qu'Adelina était au moins une personne surnaturelle, et tout en l'adorant avec fana-

tisme, tout en lui prodiguant le respect comme
à une divinité, ils la surnommaient la *Petite-Sor-
cière* et firent le signe de la croix sur son passage
en témoignage de l'influence qu'elle exerçait —
bien à son insu — sur l'imagination de cette
population ignorante Il n'eût tenu qu'à elle d'a-
voir des autels, mais il paraît qu'elle dédaigna
l'olympe et qu'elle préféra nous revenir comme
une simple mortelle.

Porto-Rico fut la dernière étape de ce voyage
qui avait duré un peu plus de deux ans et dont
nous n'avons fait qu'indiquer les principales
stations. Après avoir donné plus de *trois cents
concerts*, elle retourna à New-York; elle avait
alors treize ans accomplis. Un repos de quelques
années fut jugé nécessaire pour son éducation musicale; c'est donc à partir de cet instant que nous
allons la voir apparaître sous sa nouvelle et dé-
finitive physionomie. Le petit phénomène s'éva-
nouit et fait place à la plus grande artiste de
notre temps.

IV

De retour à New-York, la famille d'Adelina
Patti prit la sage résolution de laisser la jeune
cantatrice se reposer pendant trois ans. En effet,
il s'opérait alors en elle une sorte de transforma-
tion qui rendait le repos indispensable. La lame
menaçait d'user le fourreau. Il s'agissait aussi
pour son excellent maître, Maurice Strakosch,
de préparer la jeune artiste à la grande carrière
dramatico-lyrique, et quelles que fussent les
qualités éminentes qui la distinguaient déjà, il
était hors de doute que son éducation, au point
de vue du théâtre, n'était encore qu'ébauchée.

D'autre part, il lui restait un travail tout ma-
tériel à entreprendre et qu'il fallait, bon gré
mal gré, mener à bonne fin, sous peine de se voir
privée de suivre la carrière du théâtre. Il s'agissait d'apprendre de mémoire les divers opéras
du répertoire habituel, non-seulement la musique, mais aussi les paroles. Ce labeur ordinaire
de l'artiste était pour la Patti d'une difficulté
inouïe, presque une impossibilité ; toute sujétion
lui étant particulièrement répulsive, non assu-
rément qu'elle péchât du côté de l'imagination

et des aptitudes, mais parce que sa nature essentiellement délicate et indomptée ne se soumet qu'avec peine aux exigences d'une profession qu'elle devait illustrer.

A cette heure et depuis longtemps, Adelina Patti n'ouvre que bien rarement une partition, et voici le moyen qu'on employait alors et qu'il faut encore employer aujourd'hui pour lui faire apprendre un rôle nouveau.

Par l'observation constante des facultés artistiques de la jeune fille, son beau-frère a su pénétrer les replis les plus secrets de cette nature si richement douée. On peut dire qu'il lui donne ses leçons sans qu'elle s'en aperçoive. Il la fait travailler à son insu.

Partout où elle habite, on a soin de placer le piano dans une pièce contiguë à son appartement particulier. Impossible de frapper une touche sans qu'aussitôt elle perçoive le son. Doit-elle apprendre une partition, sans l'en prévenir à l'avance, son beau-frère ouvre l'instrument, laisse courir ses doigts agiles sur le clavier et joue les motifs qu'il croit devoir plaire à l'artiste. Comme s'il jouait pour lui seul, il recommence l'air trois ou quatre fois de suite. L'instant d'après, la voix d'Adelina se fait entendre dans la pièce voisine et elle redit le motif avec la fidélité d'un écho. Alors le professeur continue ; au besoin il chante la partie du ténor, puis le piano

répond par la partie du soprano. Cette fois encore la voix d'or se fait entendre ; mais déjà elle
s'est rapprochée. Le maître encouragé poursuit
sa partie, et bientôt la porte du salon s'ouvre et
la Patti entre chantant toujours, les notes seulement, on le conçoit, mais avec autant de sentiment et de justesse d'expression que si elle avait
eu la partition sous les yeux. Enfin, elle arrive
près du piano, attirée par cette flamme musicale
qui la passionne, et tout en jetant ses gammes
vibrantes et sonores, elle feuillette rapidement
les pages de cette musique qui l'enchaîne au pied
de l'instrument, premier révélateur de ces airs
inconnus qu'elle est déjà avide de savoir et de
répéter au public.

Deux jours après, toute la partie est sue, paroles et musique, et, chose qui ne l'étonne plus,
mais qui cependant devrait surprendre tout
autre qu'elle, l'affiche de son théâtre annonce la
prochaine représentation de ce même opéra qui,
huit jours auparavant, lui était complétement
inconnu.

Cette prodigieuse facilité d'apprendre n'est
possible chez elle, cependant, qu'à la condition
de lui être ainsi ménagée. S'il lui fallait étudier
un opéra pour le chanter à une date déterminée,
il est certain que cette nature rebelle à toute
contrainte, s'insurgerait et se refuserait avec opi-
niâtreté à tout travail obligatoire.

Grâce à cet enseignement original, à peine âgée de dix-sept ans, Adelina avait appris et chanté : *Lucie*, pour un début ; *la Sonnambula* ; *Don Giovani* ; *Marta* ; *l'Elisir d'amore* ; *la Traviata* ; *la Fille du Régiment*, qu'elle n'a jamais chanté à Paris, malgré tout son grand désir ; *il Barbiere* ; *Don Pasquale* ; *la Gazza Ladra* ; *Rigoletto* ; *il Trovatore* ; *I Puritani* ; *la Linda di Chamounix* ; *Moïse* ; *les Huguenots* ; *l'Étoile du Nord* ; *Faust* et le *Pardon de Ploërmel*, en tout *dix-neuf* grands opéras appris en moins de quatre ans !

Pendant ces trois années de repos, ou ce qui est plus juste, pendant ces trois années employées à l'étude intelligente qui lui était conseillée, elle était parvenue à l'âge de seize ans sans rien perdre de sa grâce d'enfant, elle avait acquis, au contraire, ce charme de la jeune fille que nous lui connaissons aujourd'hui ; naturellement jolie, ses traits en se développant ajoutaient une beauté nouvelle à sa physionomie expressive. Tout en elle se ressentait de la marche des années, qui à cet âge, du moins, ont le privilége d'embellir, de créer, et non pas de détruire ; en un mot, elle devenait femme ; elle atteignait à cette perfection charmeresse, qui, loin d'être le résultat d'une transition brusque, fut plutôt une transfiguration prévue à l'avance et qu'il fallait néanmoins attendre patiemment avant qu'on lui permît d'aborder le grand opéra.

Cependant et d'après les conseils de sa famille, Adelina fût restée quelques années encore sans aborder la scène, sans une circonstance imprévue qui vint précipiter l'heure de ses débuts.

On était en 1859, en ce moment la direction du Théâtre-Italien de New-York se trouvait dans un embarras extrême. Le public s'éloignait chaque jour de plus en plus du théâtre, où les plus grands chanteurs connus n'avaient pas la puissance de le retenir. De graves préoccupations agitaient les esprits; l'opinion publique, en proie à de vives inquiétudes, s'était subitement détournée des jouissances tranquilles de l'art pour se concentrer tout entière sur les événements politiques. La guerre naissait et faisait oublier le théâtre.

Le moment, on le voit, n'était guère favorable pour un début de cette importance; mais comme il s'agissait de tenter un suprême effort afin de sauver des intérêts nombreux engagés dans la direction du Théâtre-Italien, le début d'Adelina fut résolu, et le 24 novembre 1859, elle parut dans *Lucie*.

Son nom, déjà très-estimé dans la société de New-York, lui attira à l'avance beaucoup de sympathie, mais en se rappelant ses seize ans, l'incrédulité vint détruire la première impression, si bien qu'avant même qu'elle eût été entendue, une lutte d'opinions contraires s'était engagée

dans le public qui, moitié bienveillant et moitié
malveillant, accourut en foule.

Quoique naturellement très-émue, la débutante souleva dès les premières scènes un murmure d'étonnement, l'admiration vint ensuite, et
l'on reconnut que jamais ce rôle de *Lucie*, à la
fois si tendre et si poétique, n'avait été inter-
prété avec tant de sentiment, avec tant de passion. A la représentation suivante le succès fut
plus grand encore ; l'enthousiasme prit les proportions du délire.

Il fut décidé qu'Adelina passerait encore une
année aux États-Unis et qu'après ce temps écoulé,
elle irait demander à Londres, et surtout à Paris,
ce baptême de l'art sans lequel tout talent, quel
qu'il soit, soyons-en justement fiers, semble
moins réel et moins autorisé.

V

Ce fut le 14 mai 1861 qu'elle débuta à Londres, au théâtre de Covent-Garden, dans le rôle de la *Sonnambula*. Le succès qu'elle obtint à partir de cette soirée retentit immédiatement dans toutes les capitales européennes. De tous côtés, de Madrid, de Vienne, de Paris, de Saint-Pétersbourg, des propositions d'engagements lui furent adressées ; néanmoins, peut-être par un louable sentiment de reconnaissance envers le peuple qui, le premier, l'avait accueillie en touchant le sol du continent, Adelina Patti résista à la tentation et voulut passer toute la saison à Londres.

Nous serions heureux de suivre ainsi pas à pas notre héroïne dans sa marche triomphale, mais l'espace nous est mesuré et il faut nous hâter d'arriver à Paris en passant par Madrid.

Elle ne devait chanter que quinze fois dans la capitale de toutes les Espagnes. Le soir de la première représentation, il y eut une émeute de curiosité, et il fallut un sérieux déploiement de la force armée pour maintenir l'ordre ; le peuple madrilène se souvenait que la grande artiste était née sa compatriote ; il voulait saluer son triomphe ; mais le plus grand nombre dut se résigner et attendre au lendemain pour louer les places. Quand ce lendemain, si impatiemment attendu, arriva, tous ceux qui la veille s'étaient vus évincés se précipitèrent de bonne heure vers le guichet du théâtre. Alors un spectacle vraiment étrange se manifesta tout à coup. Un mécontentement général traversa cette population comme un courant électrique, et des murmures menaçants se firent entendre de tous côtés. On venait d'apprendre que la veille, pendant la représentation même, les spectateurs émerveillés s'étaient entendus au second acte pour louer la salle pendant tout le temps qu'Adelina resterait à Madrid.

Avant d'arriver définitivement à Paris avec notre héroïne, il nous reste un fait burlesque, mais intéressant, à raconter et qui se reporte à son séjour à Vienne.

Elle se disposait à partir pour venir se faire entendre au théâtre de la place Ventadour, lorsqu'une notabilité de Vienne la pria de chanter dans une église au profit d'une œuvre de bienfaisance. Adelina accepta avec empressement. L'église était pleine, et la foule encombrait les rues avoisinantes. Pour regagner sa voiture, Adelina donnait le bras à son beau-frère, quelques personnes amies l'entouraient, mais il vint un moment où elles furent impuissantes à la pro-

téger contre la curiosité passionnée de ses admi-
rateurs. Elle ne dut son salut qu'à l'interven-
tion de la princesse Sicci qui, dépêchant ses
gens, fit ouvrir son hôtel et recueillit la pauvre
jeune fille et son beau-frère, à demi asphyxiés.
Cette aventure se répandit aussitôt en Autriche,
et de tous côtés, des villes les plus reculées, la
fièvre de la Patti gagna de proche en proche. —
Il arriva donc — et c'est là où commence le ré-
cit comique auquel nous faisions allusion plus
haut — qu'un certain seigneur, depuis longtemps retiré dans ses terres, conçut l'idée d'entreprendre un voyage pour satisfaire le plus vif
désir qu'il eût conçu de sa vie. Ce voyage offrait
néanmoins quelques difficultés, car il était ma-
rié à une femme jalouse. Aussi Monsieur se
garda-t-il bien de prévenir Madame du but de
son absence; il prétexta une affaire impor-
tante. Il partit aussitôt, et naturellement, le soir
même, il se procura à prix d'or une place au
théâtre. A peine est-il installé dans la salle,
qu'en se retournant il se trouve nez à nez avec
sa femme, qui, elle aussi, n'avait pu résister au
désir de voir la Patti et avait voulu profiter du
voyage de son mari. L'aventure n'eut pas de
suite désagréable, mais elle fut connue dans
Vienne et citée comme une des scènes les plus
comiques qu'ait jamais inventées le vaude-
ville.

Quelque temps après, Adelina arrivait à Paris et débutait sur notre Théâtre-Italien le 17 novembre 1862, dans le rôle de la *Sonnambula*. Elle avait alors dix-neuf ans.

VI

L'annonce de son début fut un événement
dans le monde dilettante. Avant même qu'on
l'eût entendue, les opinions diverses circulaient
dans la ville et dans les feuilletons. Paris était
impatient de saluer l'astre nouveau et ne demandait pas mieux que d'être ébloui par lui, mais
il se souvenait du proverbe : « A beau mentir
qui vient de loin. »

Le rôle d'Amina, de *Sonnambula*, dans lequel
Adelina se montra enfin au public parisien, est
un de ceux qu'affectionnent les grandes canta-
trices ; la Persiani, la Sontag, la Frezzolini l'ont
chanté en France ; la Malibran, en Italie, et Jenny
Lind, en Angleterre, y trouva un de ses plus
éclatants triomphes. C'était donc beaucoup oser,
ou tout au moins beaucoup risquer, mais peu
d'instants suffirent pour enlever toute crainte.
Dès le premier soir, le public parisien l'adopta
avec un enthousiasme qui n'a cessé d'aller *cres-
cendo*.

Au moment où j'écris ces lignes, j'ai sous les
yeux le portrait que faisait d'elle M. B. Jouvin,
dans le journal *le Figaro*, le 20 novembre 1862,

c'est-à-dire trois jours après son début. Jamais crayon ne fut mieux tracé. C'est de la photographie sans retouche.

« Le front, dit M. B. Jouvin, est droit et un peu bombé; les sourcils, très-accusés et se rejoignant presque, donnent à la partie supérieure du visage un air olympien contre lequel proteste seul le sourire enfantin de la bouche, qui est fine, avec deux coins un peu abaissés. Il semble qu'on voie une Junon-Bébé. Cette force adoucie par cette grâce imprime à ce visage très-jeune une singulière fermeté, et qui, dans les scènes dramatiques, va jusqu'à l'énergie. Le menton est saillant et impérieux. Sur ce masque très-mobile, la finesse s'allie à merveille à l'ingénuité. Dans les sourcils, dans les rictus de la bouche, dans la courbure du menton, est la virilité du talent; dans le regard clair, dans le jeune sourire, dans le balancement de la tête et dans la démarche légère, la jeune fille qui se souvient toujours d'avoir été enfant. La Patti est petite, fluette, mais point chétive. Son visage, très-pâle à la ville, semble agrandir encore l'orbe de ses yeux bruns qui lancent de *noires* étincelles. »

Ce portrait est bien celui de *la Patti* d'aujourd'hui: trois années écoulées n'ont fait que passer sans laisser de trace sur cette physionomie, mobile à la scène, mais toujours calme et reposée à la ville. Un sentiment profond semble cependant siéger naturellement au fond de sa pensée. La Patti au repos — s'il m'est permis de m'exprimer ainsi — paraît toujours réfléchir ; de temps en temps son visage s'égaye et s'illumine d'un sourire gracieux et bon, mais l'instant d'après la pensée suit son cours et ses yeux prennent alors une fixité mélancolique et triste qui semble se rattacher par des liens mystérieux à des mondes inconnus. A la voir ainsi, on devine que la rêverie exerce sur elle comme une influence attristée et que déjà revenue de tous les enthousiasmes qui depuis longtemps lui sont prodigués, elle se sent comme épuisée par les hommages. Ses joies sont encore celles d'un enfant, mais ses tristesses sont bien celles de la femme. Que lui manque-t-il pour être heureuse ? Je l'ignore. Qui sait ? peut-être n'a-t-elle pas assez souffert !

A vingt-deux ans, elle a déjà recueilli dans toutes nos principales capitales les plus éclatants succès ; elle a chanté devant tous les souverains ; elle est devenue l'idole préférée du public le plus intelligent de la terre ; au rang de ses amis elle compte des princes et des grands seigneurs ; à ses pieds sont tombées des couronnes ; elle a ramassé des fleurs par brassées ; elle a ému des peuples ; elle a fait battre en secret bien des cœurs ; elle est aimée de tous ceux qui l'approchent.... et pourtant lorsque le jour elle passe sur les bords du lac, tristement accoudée dans le fond de sa voiture, — son père à son côté et sa dame de compagnie en face, — qu'un ami ou une connaissance la salue, et l'on verra sur son sourire affectueux poindre comme un reflet de cette douleur indéfinie — qui n'est ni le regret, ni l'espérance, — mais qui semble toute faite de désenchantement.

8004. — Imp. générale de Ch. Lahure, rue de Fleurus. 9, à Paris.

IMPRIMERIE GÉNÉRALE DE CH. LAHURE

Rue de Fleurus, 9, à Paris